Marco y Luna tienen una amistad muy especial.
Aunque él no lo sabe, ella ha estado siempre a su lado. Una noche, Luna no llega a su encuentro diario y Marco decide salir en su búsqueda y, entonces, descubre el secreto de la ciudad gris, que parece ser el final de su amistad con Luna. Pero Marco y Luna siempre seguirán juntos, aunque sea en la distancia y el corazón.

Valores implícitos

La historia de Marco y Luna viene a contarnos la importancia de la infancia y su transformación cuando crecemos. Evolucionar y crecer, por lo general, significa avanzar hacia algo mejor, pero en algunos aspectos retrocedemos. Sería perfecto caminar hacia delante, pero sin perder por el camino la magia de la infancia. De eso nos habla esta historia.

Marco y Luna

Sara A

BABI DI·BU

Marco era un niño especial desde que nació y, aunque él no lo sabía, Luna estaba siempre a su lado.

—Buenas noches, Marco —decía Luna muy bajito para no despertarle.

Cada noche, Luna velaba por su sueño hasta que amanecía al día siguiente.

—¡Buenos días, Marco! Me voy a dormir. Mi amigo Sol se está levantando ya —le decía Luna con un largo bostezo.

Cuando cerraba los ojos, Marco se sentía cada vez más cerca de Luna.

—Hola, Luna, ¡qué bien que has llegado ya! Tengo mucho sueño. —Y como por arte de magia, Marco se dormía profundamente.

Pero una noche, Luna no llegó. El cielo estaba
cubierto de nubes y apenas se veían las estrellas.

—¿Dónde estás, Luna? —preguntaba Marco nervioso.

Marco, muy preocupado por su
amiga, decidió salir a buscarla.

—No te preocupes, Luna, ¡te
encontraré! —dijo muy decidido.

De inmediato, preparó un saco con sus cosas y
siguió el sendero de estrellas para encontrarla.

Marco no sabía si había llegado al lugar correcto, pero...

—¡Oh, sí, sí! ¡Es su sombrero, es enorme! ¡Luna, Luna! —La llamaba a gritos—. ¡¿Estás aquí?!

Luna bailaba, se divertía y reía con Marco todos los días. Les encantaba jugar a la pelota con los planetas.

—¡Cuidado, ahí va Marte!

Soplaban dientes de león mágicos para crear
nuevas constelaciones de estrellas.

RING!!
RING!!

Z z z...

También despertaban a las estrellas mientras dormían. Marco se lo pasaba muy bien gastando bromas por teléfono.

—Ring, ring. ¡Despierta, estrellita! —decía con alegría.

Y cuando Marco caía agotado, Luna le
arropaba con su mantita favorita.

—Silencio, por favor —decía Luna—. Ssh...

Un día, mientras Luna descansaba, Marco decidió
ir a explorar con sus prismáticos y... ¡Ohhh!
Descubrió algo muy extraño.

A través de ellos, veía una ciudad gris...

en la que sus habitantes parecían muy tristes.

Una de esas noches, Marco preguntó a Luna
quiénes eran esos seres de La Ciudad gris.

Luna cambió el gesto de repente y supo que
había llegado el momento.

Se sentaron frente a un espejo, como si de una ventana se tratase. En él, se veía a los habitantes apagados. Marco se parecía un poco a ellos.

—Tú no eres como ellos. Podrás ir a verlos, pero antes tengo que darte algo importante —dijo Luna.

Marco asintió extrañado y la siguió. Se dirigieron al cielo más oscuro y recogieron una estrella tintineante y roja.

—Es tu corazón. Llévalo contigo cuando visites la ciudad gris. Cuídalo mucho.

Aquella noche, Marco y Luna durmieron juntos,
pero ella no pegó ojo. Sabía que era la última vez
que estarían juntos y eso la ponía muy triste.

A la mañana siguiente, Marco se
despertó antes que Luna y...

rasgó el corazón por la mitad.

¡Qué sorpresa, era la mitad
de la estrella de Marco!

—Es tu estrella, Marco, ¿por qué la has partido?

—Yo, contigo, Luna. Ayúdame a subir este trocito al cielo y así siempre estaremos juntos.

Luna cogió las manos de Marco para darle
un último consejo.

—Es hora de que vayas con ellos, pero no
dejes que la estrella se apague. No dejes
de ser un niño. Recuérdalo siempre.

Marco, asustado, empezó a recorrer el camino de las farolas altas. No pudo evitar mirar hacia atrás, pero Luna, con gesto alentador, le animó a seguir adelante.

Marco ha crecido y vive en la ciudad gris,
pero cada vez que llama a Luna, una estrella
brilla con más fuerza que las demás.

—Yo, contigo, Luna; siempre juntos.

Cada vez que mires al cielo, piensa en Luna,
piensa en todas las estrellas que brillan;
quizá una de ellas sea la tuya.

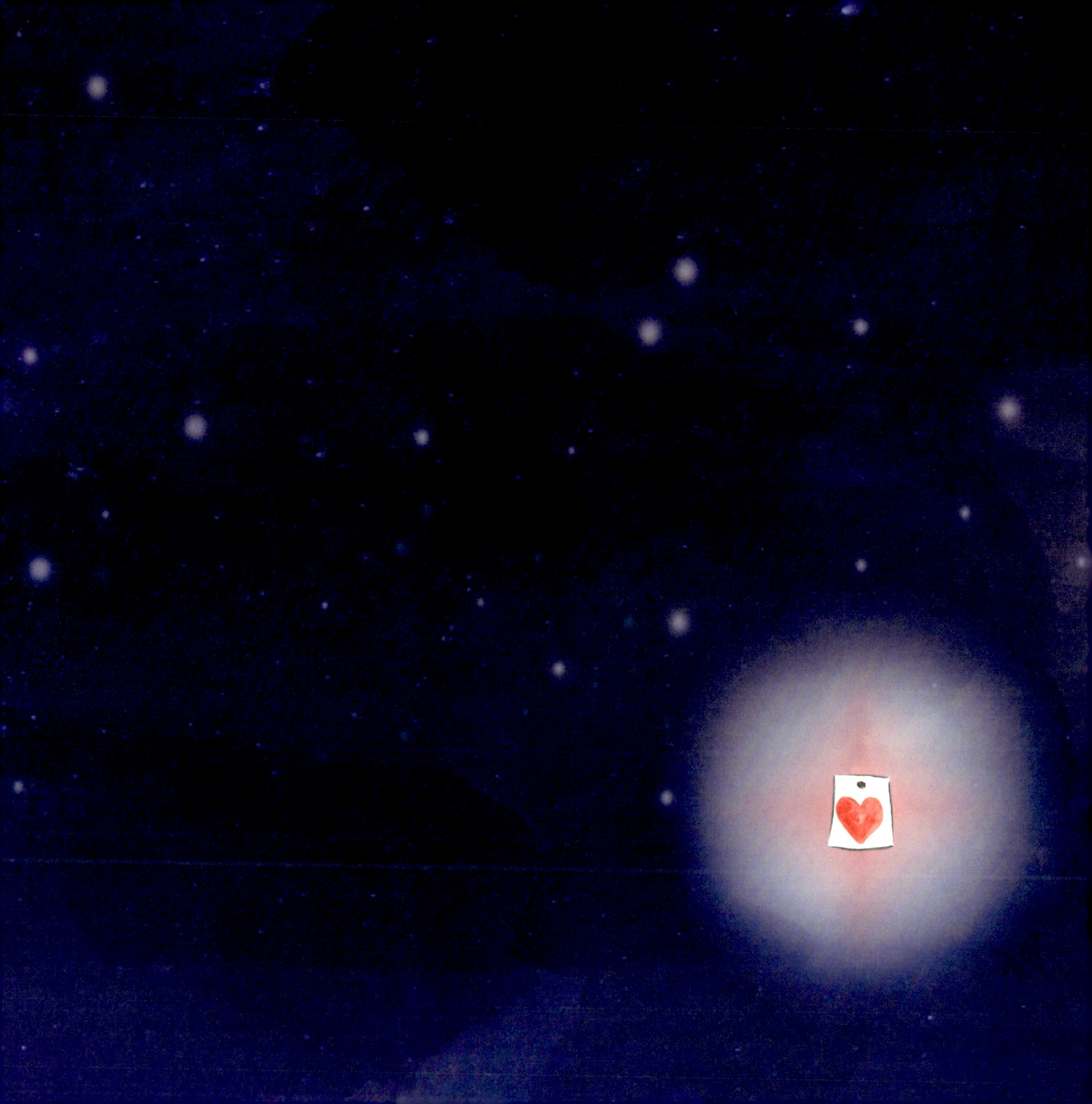

LA CASITA
ESDRÚJULA

Marco y Luna

© del texto y de las ilustraciones: Sara A
© del diseño y corrección: Equipo BABIDI-BÚ

© de esta edición:
Editorial BABIDI-BÚ, 2025
Avda. San Francisco Javier, 9, 6ª, 23
Edificio Sevilla 2
41018 - SEVILLA
Tlfn: 912.665.684
info@babidibulibros.com
www.babidibulibros.com

Impreso en España
Primera edición: octubre, 2025

ISBN: 979-13-87821-39-5
Depósito Legal: SE 1414-2025